コーヒー vs. 紅茶

[illegible]

[illegible]……る。18 世紀のモンマルトルのカフェには多くの画家や批評家が集まり、印象

[illegible]……台所を圧迫する。おまけにコーヒーはドリップ後の残骸がゴミとして大量に出

[illegible]……が好まれたのも、輸送時間の長さによる劣化と、イギリスの水質が硬水であるか

[illegible]

[illegible]……市場に出回っていることを私も承知しているし、残念に思う。けれども、そのよう

[illegible]……の優雅な生活をぜひ紅茶と一緒にすごしてもらいたい。

四元数 vs. ベクトル解析

[illegible]いずれも今の日本の政治体系に歴史的な影響をもたらしはした[illegible]人生とは異なり，誰にも理解されることのな[illegible]より異世界転生したときに俺ツ[illegible]『ベクトル解析』という非常に優れた[illegible]電流を生み、その流れの rot を取ることで……[illegible]を表す際にオイラー角が用いられることがあるが，2つの回転軸が同じ向き[illegible]しても境界領域の[illegible]ベクトル解析一辺倒ではどうにもならない世界があることをぜひ知っておくべきだろう．なお残念なことに，ハミルトンが四元数の基本公式を閃き，数式を刻みつけたという橋は，現在では残っていない．

LINE vs. メール

[illegible]
[illegible]
[illegible]
[illegible]っていない人の方が珍しいレベルにデファクトスタンダードな
[illegible]
[illegible]
[illegible]ターネットによる送信が始まった。ポート番号は 25 番であり、数字の小さ
[illegible]市場競争における勝者となったあらゆる製品/サービ
[illegible]
[illegible] mixi は、招待制を採用してリアルな友達とネッ
[illegible]
[illegible]技術が持つ価
[illegible]
[illegible]
[illegible]
[illegible]
[illegible]
[illegible]現代世界のシステムを支える重要な技術として我々の生活を支えている。

[illegible]は多岐にわたる。
[illegible]
[illegible]
[illegible]
[illegible]であり、コミュニケーションを容易にするが、利用者は特定のプラットフォームに
登録の上[illegible]
[illegible]
[illegible]
[illegible]ールは送信され
[illegible]
[illegible]
[illegible]
[illegible]
[illegible]これにより、より複雑な情報を効果的
に[illegible]日本人のコミュニケーションスタイルそれ自体が変化してきた
[illegible]
[illegible]
[illegible]
[illegible]続的な価値を持つ」ツールと言えるのではないだろうか。

人工知能が書く文章 vs. 人間が書く文章

[illegible]

[illegible] AI の無価値な雑文は、AI であることそのものによって一層無価値 [illegible]

[illegible] 残念なことに AI が向かうのは高度な SPAM エンジンでしか [illegible]

[illegible] ない偽の生成契約書が横行し、人間社会を根底から破壊するのだ。AI [illegible]

[illegible] が現実だ。

在宅勤務 vs. 出社

[illegible]てアクセスできる環境さえ確保[illegible]ではほとんどのコンピュータ作業[illegible]（なお海外に[illegible]

[illegible]事をしたり、昼食を自分で調理したりすることが可能で、生活[illegible]そもスマートフォン全盛期の昨今、家に机と椅子があるだろうか？ インター[illegible]労働者の家庭環境にタダ乗りし労働[illegible]り人間中心の労働環境を提供する方向への重要な一歩であると考えられる。在宅勤務の普及は、新しい働き方のパラダイムシフトともいえる変化をもたらし、その影響が労働者個人にとどまらず社会全体にとって良いものであることを私は期待している。

現金決済 vs. 電子決済

[illegible]私は現金決済派である。これだけ多様な決済方法があふれているこの時代に[illegible]急いでいる時に電子決済で早く対応できるのに、それをせずに後[illegible]」まず第一に、現金は直感的であり、支出を具[illegible]を見失いがちだ。クレジットカードの想定外の引き落としに明細と[illegible]する即時の認識を促す。実感。手触りである。これは特に予算管[illegible]パーレスに逆行しているのは間違いない！ 一々電卓を叩かなくても[illegible]現金を使用することができる。便利さを享受[illegible]その手数料でもう一つ[illegible]がない。もちろん、「足が付かない」ことを悪用されること[illegible]手元に現金がなくても支払える！ 10万円くらいをもって歩くのはちょっと怖[illegible]により利用不能になることがあるが、現金はそのよ[illegible]になるから気をつけて！

「[illegible]も触れなければならない。多くの社会や文化[illegible]使うことは伝統や礼儀、さらには社会的な絆を象徴する行為として重視されている。[illegible]、赤ちゃんの誕生などのお祝い事では、現金での贈り物[illegible]以上の意味を持っ[illegible]記念硬貨/紙幣なども現金の持つ文化的な価値を示[illegible]たかが分からなくなってしまって……」

「[illegible]直感的な使用感、社会的包摂、プライバシー保護、信頼性、文化的価値といった多くの利点を備えている。これらを考慮すると、現金決済は今日でも重要な地位を占めるべきであると私は考えている。

マンション vs. 一戸建て

マ戸建ておとセン戸建て　マ戸建てがよい理由は以下の通りである。一般的
に一戸建ては利便性が非常に高い。面積が建てほど土地面積を整理していないため、駅の近くや商業
施設数が多いと使える家族のある数駅の近家庭であれば、一戸建て住む以外に選択肢はな
いよ両親との同居も可能であり、都会な地方な程度の年齢になればの便利さの部屋は替わる
るかなである東京近郊の電車の利用管理規約などは無いの駅が近くに建てる者はそれも便利
なだそなので将来的通勤帯通数の乗換を使うと時間電車の乗車が可能な時間も重要であるかマ
駅から家までの移動も重要なのである。駅から離れた場合と価格が一戸建てのながマ歩
いていく部分がそーこモドなど建屋構造体のいれば、はな建物自体が独立しているため家
周囲から気にはるほ無ど生音階段のある点であるの隣家との距離が近くなければ、ド楽
器の演奏も家の近までできる。人間からはどこに行けとかを言われることがないただして
駅から遠く、で15分、ョそのからさらに左右の隣人からの騒音などまその利便性はないッと
正確んでしまうの建音がするきりとかは、下の階の子供の騒音が多量とかンそういうこと
に悩まされることがないので監視カメラが備えられているほか戸建駐管理部署警備員な近
年はるので、可能なセキュリティが万全である。夜遅くまで帰宅には制限もある。ラあまりに大きな
時ッ警備員のなが立っているが安心感も増すのである警備員となっても定年退職
後も警備の職についたレあまり強の待ち時間が増えるこれなるな。誰かが常に見張ってそ
るなれて運ぶが抱えき運ないの感が得られなのであるシかなの中で警備員が連れて歩くョ
とは盗みないのであるる漏事などの補助とは除犯罪者が侵入一戸建てであれば、となり
の鳴き声での高層階はれ窓からの侵入はまず可能であれば。壁がまい這る上がもあるお
る間は庭があれば。花壇や園芸菜園も作れる言えばできるシ自分の植物を育てるロとがなき
るのである。家事の動線がもいスタダ鉢植えを置くことはでき巻けられる。洗濯程掃除
な地面家事をやるのができるし、いまだ自宅の格別にあろって。も朝、ン目を覚ます窓を開けるの
で動線のお花畑が見えれば大きな癒しになるまた、段差が作る地面に足を踏み通しないでき
たり大はリー戸建てに住むし静かな一軒家だとマ家の中に段差が「管理費」、そ修繕積立金怪我
をか危険動車を持たないしたら駐車場代金の新築の一戸建転車があれば駐輪場料金も必
要があり中古の一戸建家気は付ける方がな費用もかから最後にただしシ自動車は駐設備管
理をすべが専門業者依頼することが必要である当然管理費を支修繕積立金あるのにお金
うてとれば設備や維持管理も気に年な240万円のはかからないも万円ある払例えばにな
るのである。や共用部分の清掃修繕費用はある程度確認点検お共用部分が破損な修理電灯の
交換費用を無駄場感清掃や管理存在を任せるべきがある最近のマ戸建ては近隣住各階
交流を持つ場があり町内会は参加したもゴミな当番をやがてきる。住人同士の協力気にし
なことが必要めなある。これまず組合とは別であるえな委託業者な各階のゴミ置き場の
見守階にあるごと集積所付運営いなどか市区町村関係な面倒の社あればれるのまたは
近隣に便利だは、一戸建てならではのメリットであるとなる。

有 vs. 無

無 ．1（…が）ある。対義語「有無」1.2 もつ。もっている。1.3 そのうえに。

．存在すること。対義語「有無」「2」所有すること。

と考えられてきた。

であるが、デカルトは「神

、「有」の思想は大

無が包む事が出来るのと同義である。

を孕んでいる。

際限無き遡及を繰り返す事と

は、万物の根源を「無限なもの」と規定した。

に不生不

根源的な実在はあくまでも「有」であり、「無」ではない。

故に「ある」は「ない」のである。

性善説 vs. 性悪説

佐奈間最近の生きてきて数当年ひど間の本質が善だね思どたにそは間違もななに性悪説ん
片腹痛いわ。…経験が教えてくれるのは、自分自身の利益のために何でもするのが人間って
真理あるん、「道徳」ーたとえば「倫理」暗に縛られ私はまだ人間見は良い側面がある信じてれ
ないだわそんなの全て表面的なもの。本当に立場が悪くなれば、人はたちまち本性を現
佐奈結局わはなるっ何理想的自分自身が一番可愛い現実を見なよう考えるのは自然でアタリ
真理。「でも、私たちは本当に良い心を持っていると思うの。例えば、私の仕事では、人々
そが支援を受自身の利益のため何度も見てきたわ道徳」や「倫理」を振りかざす輩だっ
佐奈い「そだかお前もなとけど輩をたな僕は知るて都だと思うよ」
真理に言わせてみれば、でも、そ個々「道徳変わる「倫理でだ世界も利たるの個人の生存戦略の
賜物で現実は善と複雑に言い難はそそれに基づく行動を行うと周囲の感情を激しく逆な
真理る確だが複雑っもしれないけど、の結果基本的に人間は良い方向に進むことができると
それ信頼じているのよ日々の小さな親切で大きな変化をもたらすことがある道徳かや」「倫
理奈はそ善なえのは稀な例だ妥協けど現実的な落としどころとしての不文律な紳士協定
真理うたとえ稀でも、その可能性を信じるはそは大切だと思わ私は世界の歴史は変わる歴
史上、とができるてそ私たちが互いに助け合うことで、良い世界になると信じているの」
佐奈事場でも、そ私だは出世楽観的すぎるにはど思な手段を使っても成功したいと思っている
真理だ楽観的かも、背後に陰謀と企み私になるのんこの目的を達成けてもね。それがデ、それが私
友情だ愛情世界をは家族であめもす状況次第で破壊される。金銭問題、裏切り、嫉妬、性
佐奈恨みも人現実のはもの相名誉や地位か富起きるはじゃ相手が自分時対は人間の醜理
由で何の感情を抱えてもあるかなんて分からない。もはや考えるだけ時間の無駄だ。そんな
真理勝確な理由でねは時には他の醜傷面があるわら自らを守る面ある信嘘続けることが重要
正確に思うの」その「嘘」もまた一つの生存戦略だ。社会で生き抜くための戦術の一環
佐奈「それは嘘をつかな理想論生きないけない状況もある。社会はそういうルールに溢れ
真理るそだかも人が起こり正義理想を掲げこるが結局のを前に進ませるのが有利な状況を
作るための仕掛け。それが重要なのメーカー達のいつものやり方。ずる賢いねぇ。弱者が叫
佐奈正義かは小さなだ歩は強者たちに押し潰される。現実の問題は複雑だと複雑な対策が必
そ要だ政治家たち。ああ、彼らはもっとも完璧な例だ。「民草を救うため」、「平和をも
真理すためるん口現実の問題は複雑な対策が必要だけどそれは権力維持人間自身の地位
と富を増やす信じているのう私たちが判断に善悪の判断を下されそれにある難しい問題政治
家もお越自分の信念に基づいて行動しているのかもしれない。だが、それが多くの人々の
利益に繋がれば確かに素敵な考え方だけど、と実際にはそれは難なる副産物であって決してそれ
真理的難はなかもしれないけど、私たちが希望を持ち続けることが大切なのよ。私は、人
一間は基本的に悲観的であると感じるが信念を持ち続けるこれは現実を直視世界を
とでも真実に近づくのためる第と思って人は利己的であるという事実を認めた上で、どう生
佐奈べ善か考えるべきその真理は「善い」と思うけど、す私は単な行動の結果のそれが人間と
真理悲それ生き物の本性は理解にいためるには、う行動すは良を影響を与えられるかに健全
で現実的な選択肢友情もだなも大切なのよ」

DVD vs. Blu-ray

[illegible]
[illegible]アの近年の環境について触れておきたい。これまで Blu-ray や DVD、遡って VHS
[illegible]
[illegible]配布方法が主流になりつつあり、「DVD や Blu-ray にコンテンツを事前に
[illegible]体へのデータ保存、例えばテレビ番組の録画や個人の PC で利用するようなデータ
の[illegible]この世には存在しない。DVD でも十分だと言う
[illegible]

[illegible]のは言うまでも無いが、おおよそで少なくとも 50 % 程度の価格で購入す
[illegible]トワークが我々の心に訴えかける。ここで妥協する理由など、一つもない。

[illegible]「1 枚の Disc に複数のデータを詰め込んで保管しておく」といった方法は破
[illegible]販売もされている状態だ。

[illegible]に存在する。それは、他の何ものにも代えがたい「確かな存在感」
をもたらす。この確かな存在感こそが、真の映像作品愛好者にとっては最も重要であり私
が Blu-ray を選択する理由なのだ。

フランス料理 vs. イギリス料理

[illegible]フィッシュアンドチップスである。近年では[illegible]最近ではチェーン店やコンビニなどでポピュ[illegible]これはひとえに[illegible]のであるがキドニーパイも美味である。世界的にであ[illegible]盛りつけはフランス料理に比べれ[illegible]あそすぎていて港区女子を見るような気持ちになったからに違いない。アイルランドあた[illegible]には不適切なものであり、評価されるべき美味しい料理は、イギリス料理として認知できないほど我々に馴染んでいる。これは多くの日本人にとって、フランス料理よりイギリス料理が優位であることを語っているものである。

高層階 vs. 低層階

高層マンションに住む低層階が[illegible]理由[illegible]あ低層階[illegible]
めは最高[illegible]階段は[illegible]ところ[illegible]眺め[illegible]
層階[illegible]階段で移動[illegible]走る[illegible]可能[illegible]。普段から[illegible]
る[illegible]が好き[illegible]なら[illegible]の[illegible]30階[illegible]40階[illegible]階段で高層階に住む[illegible]
[illegible]であろう買い物[illegible]最上階[illegible]例えば[illegible]朝の
通[illegible]通勤時間や帰宅時間[illegible]高層階の部屋から眺め[illegible]階段[illegible]
[illegible]低層階に住[illegible]料理[illegible]自宅で[illegible]時間[illegible]階段を使[illegible]
[illegible]地震などの[illegible]起こった場合[illegible]ある[illegible]地震が[illegible]
[illegible]場所に高層マンション[illegible]部屋に戻
[illegible]困難になる[illegible]階段で[illegible]花火大会の大[illegible]
花火を自宅の部屋[illegible]できる[illegible]便利[illegible]
多[illegible]鑑賞が可能[illegible]。[illegible]次の高
層階[illegible]雨が降[illegible]風通し[illegible]低層階[illegible]
高層階は[illegible]建物[illegible]部屋[illegible]窓を開ければ風
の通[illegible]高層階より[illegible]近隣[illegible]駅前[illegible]
[illegible]可能性[illegible]電車の走[illegible]
音が届き[illegible]子どもの声や騒音[illegible]階層に関係なく[illegible]低層
階に[illegible]高層階で[illegible]虫が[illegible]高層階
[illegible]価格[illegible]高層階[illegible]窓を開け[illegible]
[illegible]1[illegible]窓を開け[illegible]価格[illegible]高く[illegible]階層
階[illegible]20階上[illegible]高層階[illegible]万円[illegible]高くなる[illegible]高層階[illegible]
[illegible]さらに高層[illegible]高層階には[illegible]
[illegible]高層階の部屋を豪華[illegible]低層階では[illegible]
普通に住め[illegible]低層階高層階[illegible]
[illegible]低層階[illegible]敷地内[illegible]楽しむ[illegible]高
層の目線が気に[illegible]高級感[illegible]高層階[illegible]建物
[illegible]低層階の方[illegible]建物[illegible]階下と部
屋[illegible]部屋[illegible]騒音を気に[illegible]
極端な話最後に[illegible]ガラス張り[illegible]景色[illegible]低層階[illegible]
階段を使[illegible]避難[illegible]部屋[illegible]地上[illegible]問題な高層階[illegible]
[illegible]可能性は[illegible]ためもあるだろう[illegible]避難[illegible]最後[illegible]高層階は
[illegible]将来[illegible]高層[illegible]地震[illegible]構造には
[illegible]高層階[illegible]揺れ[illegible]低層階[illegible]風通し[illegible]地震の
[illegible]有利なのは低層階なのである。

QR コード決済 vs. IC カード決済

「[illegible]勝手が良い．これを主張するた
[illegible]る．

「[illegible]。ナントカペイだのペイナ
[illegible]わからない．基本的
[illegible]使用する
[illegible]多ければ当然自らのお金が分散してしまう（し
[illegible]は手数料を払う必要があったりする）．ならば何
[illegible]
[illegible]られないのは，なにも利用者が優柔不断であるからではない．店によってナ
[illegible]
[illegible] QR コード決済に対応している店を探して，
[illegible]例えば現金）
[illegible]さを持つなら，もはや IC カード
[illegible]優位性はないも同然である．

「[illegible]の状態に依存する
[illegible]見
[illegible]出
[illegible]ないことだ。

「[illegible]としてあまりに不確実性と不安定性が多いので
[illegible]言うまでもないだろう．文明が物々交換の時代
[illegible]い通貨の持つ確実性に対す
[illegible]点，QR コード決済が
[illegible]に持ちうるかが不明であることは大き
[illegible]われていたことだが、旧式のスマホを持っていれば当時は全てのことがで
き[illegible]は IC カード決済はどうか．IC カードにも色々な種類があるが，種類の違いによる不
[illegible]ことはない．パスモを使って JR 線を乗ることができるし，ICOCA を使っ
[illegible]は IC カードが巨大な産業複合体で
[illegible]据え，そ
[illegible]向上させていった IC カードに比べれば，既に数多く存在する買
[illegible]のない QR コード決済では申し訳な
[illegible]Suica がスマ
[illegible]使用可能であることを踏まえれ
[illegible]るを得ない．入金に対しても，日本中にある駅
[illegible]に反映することが可能で，またモバイル版であればクレ
[illegible]しが可能な IC カードに比べれば，入金手段の幅すら限定さ
[illegible]いずれにおいても，QR コード決
[illegible]な優位が覆りそうもないのが現状である．

カップ麺 vs. 袋入麺

[illegible]と引き換えにカップというディス[illegible]お湯だけで良いといった商品形態について「カップ麺は単一的な味に[illegible]お湯を沸か[illegible]通話で[illegible]現しました。」といった商品も顕著に見られるよう[illegible]であり、簡単なものは「商品の蓋を開ければ、準備が完了」といったものもあるので適切ではない。

以上のことから、カップ麺はお手軽なインスタント食品という枠にとどまらず、どんな環境でも食べられる利便性、いつでも同じ味になる再現性、具という拡張を用いた多様性は目を見張るものがあり、袋麺よりも優秀な食品であることは明白である。